LA AMADA INMÓVIL

AMADO NERVO

La amada inmóvil

LETRAS DE AMÉRICA
EDICIÓN ÍNTEGRA

© Textos y traducciones: BABEL 2000, S.A.
© De la colección: JORGE A. MESTAS, EDICIONES, S.L.
Avenida de Guadalix, 103
28120 Algete (Madrid)
Tel.: 91 886 43 80
Fax: 91 886 47 19
E-mail: jamestas@arrakis.es
www.mestasediciones.com

© Diseño de la cubierta: Eva Segundo

ISBN: 84-95994-00-3
Depósito Legal: M-33.972-2004
Impreso en España por: Cofás, S.A.
C/ Juan de la Cierva, 58
Pol. Ind. Prado de Regordoño
28936 Móstoles (Madrid)
Printed in Spain - Impreso en España

Reservados todos los derechos. No se permite reproducir, almacenar en sistemas de recuperación de la información ni transmitir la totalidad o alguna parte de esta publicación, cualquiera que sea el medio empleado –electrónico, mecánico, fotocopia, grabación, etc–, sin el permiso previo por escrito de los titulares de los derechos de la propiedad intelectual.

PRÓLOGO

Durante mucho tiempo, el poeta mexicano Amado Nervo fue considerado como la figura lírica más importante de su país. Y aunque en los años cincuenta y sesenta su obra sufrió una revisión y una crítica generalmente injustas, hoy día se reivindica de nuevo, tanto su verso como su prosa, y se le vuelve a considerar como el poeta más fino y más sensible que dio su época.

Nació en Tepic el 27 de agosto de 1870. Empezó sus estudios en el Colegio de Jacona y después ingresó en el seminario de Zamora con la sana intención de hacerse cura, quizá más por presiones familiares que por verdadera vocación. Permaneció allí desde 1886 a 1891, cuando por culpa de ciertas dificultades económicas y, naturalmente, su escasa vocación, dejó la carrera eclesiástica y se fue a Ciudad de México a estudiar leyes. Tampoco el Derecho era lo que su alma inquieta necesitaba, así que, tras una pequeña temporada trabajando en un bufete de abogados se decantó definitivamente por el periodismo.

Trabajó primero en Mazatlán y luego en Ciudad de México, donde colaboró en la *Revista Azul* bajo la influencia de Gutiérrez Nájera y fundó, con Jesús E. Valenzuela, *La Revista Moderna*. También obtuvo un puesto de profesor en la Escuela Nacional preparatoria, lo que le permitió vivir sin apuros económicos y dedicarse de lleno a la literatura. En 1896 le dio al público su primera novela, *El Bachiller*, y dos años después publicó su primer volumen de poesía, *Perlas negras*, del que él mismo dice: Este libro es el libro de mi adolescencia. Tiene muchos defectos, pero también muchas sinceridades. Si algo vale la sinceridad en el arte, que ella me escude. Ya, en esta obra de juventud, muestra la sencillez, la sensibilidad, y un cierto misticismo que se acentuaría en sus últimas obras y que quizá fuera un resultado de sus años de seminario.

En 1900, ya dedicado a la carrera diplomática, lo destinaron a Europa, a París, donde se puso en contacto con parnasianos y modernistas, completó su formación literaria y conoció a Rubén Darío. Ambos poetas se unieron en una estrecha amistad teñida de mutua admiración, hasta el punto de que Nervo se proclama hijo literario de Darío y éste, en un soneto que le dedica, lo califica de «generoso y sutil como una mariposa, encuentra en mí la miel de lo que soy capaz y goza en mí la dulce fragancia de la rosa».

También en París conoció a Ana Cecilia Luisa Dailliez, la que sería su amada inmóvil, con la que convivió hasta la muerte de ella, en 1912.

En 1905 lo nombraron segundo secretario de la Legación de México en Madrid, donde se reencontró con Rubén Darío y frecuentó a personajes tales como Valle-Inclán y Pérez Galdós, y se hizo muy popular en el mundillo literario de Madrid por su bondad, su simpatía y su extremada delicadeza.

Cuando en 1914 empezó la segunda guerra mundial y estalló la revolución en México, se vio privado de sus recursos y aislado de su patria. Entonces era tanta su popularidad, que en el Congreso se votó por unanimidad una subvención para él mientras durara el conflicto. Pero él, aun conmovido por esa muestra de amistad, rechazó la ayuda en una carta muy bella que se publicó en la prensa.

En 1918, acabada ya la guerra, su gobierno lo nombró ministro plenipotenciario en Argentina y en Uruguay, de modo que se instaló en Buenos Aires. Finalmente murió en Montevideo, el 24 de mayo de 1919, asistido en sus últimos momentos por su amigo Zorrilla

PRÓLOGO

San Martín, que influyó mucho en su reconciliación con la Iglesia al fin de su vida. Sus restos se trasladaron a Veracruz con grandes honores. Dejó el recuerdo de un hombre amable y sensible, apasionado también, y dotado de una cierta vena mística que se nota, sobre todo, en sus últimos años. Es un poeta elegante y sencillo, en cuya obra se distinguen tres etapas. La primera, en México, muestra una gran influencia del simbolismo francés. Su segunda etapa se traduce en una gran obsesión por el dolor y la muerte, y por último, la tercera, que inicia con La Amada Inmóvil, en la que muestra una gran resignación y aceptación del dolor, con lo que su poesía se depura y se hace casi perfecta.

La Amada Inmóvil, la obra que presentamos aquí, no es lo mejor de la abundante obra de Amado Nervo. Aunque la crítica sesuda dice que sus obras maestras son *El Éxodo*, *Las flores del camino* y *Lira Heroica*, es *La Amada Inmóvil* lo más conocido y lo más popular de su producción, quizá porque, como él mismo diría, la escribió sin ningún artificio, y resultó su obra más sincera, más patética y más cargada de sensibilidad, sin caer, sin embargo, en la sensiblería. La escribió, en su mayor parte, en 1912, a raíz de la muerte de Ana Cecilia Dailliez: La había conocido en 1901, exactamente el 31 de agosto, en algún lugar del Barrio Latino de París. Surgió entre ellos un amor apasionado y absorbente, sobre todo por parte de Nervo, y vivieron juntos hasta la muerte de ella. Cuando, en 1905, Nervo fue destinado a Madrid, se la llevó consigo. Ambos se instalaron en la calle de Bailén, en un piso lleno de sol, pero ella era en realidad una especie de amor secreto y Nervo la guardaba en casa como una joya preciosa o una flor rara: nadie la conocía, nadie la veía nunca, y parece ser que ni siquiera los porteros del inmueble sabían de su existencia. En diciembre de 1911, Ana contrajo unas fiebres tifoideas. Nervo cuidó de ella con una total abnegación, con un amor infinito, siempre en secreto, hasta que la tarde del 7 de enero de 1912 se murió en sus brazos. Esa misma noche, velando a su amada muerta, pergeñó para ella los primeros versos de *La Amada Inmóvil*, cuya dedicatoria es muy reveladora: *EN MEMORIA DE ANA. Encontrada en el camino de la vida el 31 de agosto de 1901. Perdida —¿para siempre?— el 7 de enero de 1912.*

La Amada Inmóvil es como un largo grito de dolor, una desgarrada queja de soledad: *¡de tal manera te quería, que estar sin ti es estar sin mí!*, escribe en uno de sus poemas. Y conforme va transcurriendo la obra, va reflejando su angustia, su sensación de pérdida, su imposibilidad de olvidarla: *Señor, piedad de mí porque no puedo consolarme... lo intento, mas en vano...*, su desgarrada desesperación: *¡Seis meses ya de muerta! Y en vano he pretendido, un beso, una palabra, un hálito, un sonido. Y a pesar de mi fe cada día evidencio, que detrás de la tumba ya no hay más que silencio*, incluso su firme voluntad de no olvidarla nunca: *Si por mí solo ha latido, su noble corazón hoy mudo y yerto, ¿he de mostrarme desagradecido, y olvidarla no más porque ha partido, y dejarla no más porque se ha muerto?*

La Amada Inmóvil era (es) un libro tan íntimo, tan desolado, un retrato tan descarnado de un dolor, que Nervo no quiso publicarlo, y sólo después de su muerte, en 1922, se publicó en España. No obstante, es la obra primera de la última etapa del poeta, que se caracteriza por la aceptación del dolor y la renunciación a todo lo terreno, por una vena mística que enriquece sobremanera tanto su prosa como su verso, que se hace cada vez más depurado, más sencillo, y en la que su *OFERTORIO*, al principio de la obra, es una pequeña joya lírica dentro de su producción.

LA AMADA INMÓVIL

MYTYL, cherchant dans le gazón – *Oú sont ils les morts?*
TYLTYL, cherchant de même. – *Il n'y a pas de morts.*

      MAETERLINCK: *L'oiseau bleu* (IV)

Je t'aimereai au delà de la vie!

          LACORDAIRE

... Si quid mea carmina possunt,
nulla dies unquam memori vos eximet aevo.

      VIRGILIO: Eneida, 433-34

Oh Tierra madre: sé leve para ella.
¡Ha pesado tan poco sobre ti!

          MELEAGRO

EN MEMORIA DE ANA

Encontrada en el camino de la vida el 31 de agosto de 1901.

Perdida —¿para siempre?— el 7 de enero de 1912.

OFERTORIO

Deus dedit, Deus abstulit.

Dios mío, yo te ofrezco mi dolor:
¡Es todo lo que puedo ya ofrecerte!
Tú me diste un amor, un solo amor,
¡un gran amor!
Me lo robó la muerte
... y no me queda más que mi dolor.
      Acéptalo, Señor:
¡Es todo lo que puedo ya ofrecerte !...

I – *PENSAMIENTOS AFINES*

*Yo no soy más que una arcilla sin valor...,
pero viví algún tiempo con la rosa.*

SAADI

*Noir chevalier masqué qui chevauche en silence
la Douleur a percé mon vieux coeur de su lance,*

PAUL VERLAINE

*Somos tan pequeños como nuestra dicha...,
sí; pero somos tan grandes como nuestro dolor.*

HEBBEL

*La mort a des rigueurs à nulle autre pareilles.
On a beau la prier,
la creulle qu'elle est se bouche les oreilles
et nous laisse crier.*

MALHERBE

AMADO NERVO

Not dead, but gone before.

Rogers, Human life

*Une fois, il vit dans le cimetière
une tombe neuve, un nouveau cyprès;
il comprit pour quoi; la nuit tout entière
il pleura sa mie, et mourut après.*

RONSARD, La Ballade de Roland

*La voilá, j'ai coupé seulement ces deux tresses
dont elle m'enchaînait hier dans ses caresses
et je n'ai gardé que cela!*

LAMARTINE

*... Seigneur, je reconnais que l'homme est en délire
s'il ose murmurer!
je cesse d'accuser, je cesse de maudire!
mais laissez moi pleurer!*

VÍCTOR HUGO

«MÁS YO QUE YO MISMO»

¡Oh, vida mía, vida mía!
agonicé con tu agonía
y con tu muerte me morí.
¡De tal manera te quería,
que estar sin ti es estar sin mí!

Faro de mi devoción,
perenne cual mi aflicción
es tu memoria bendita.
¡Dulce y santa lamparita
dentro de mi corazón!

Luz que alumbra mi pesar
desde que tú te partiste
y hasta el fin lo ha de alumbrar,
que si me dejaste triste,
triste me habrás de encontrar.

Y al abatir mi cabeza,
ya para siempre jamás
el mal que a minarme empieza,
pienso que por mi tristeza
tú me reconocerás.

Merced al noble fulgor
del recuerdo, mi dolor
será espejo en que has de verte,
y así vencerá a la muerte
la claridad del amor.

No habrá ni noche ni abismo
que enflaquezca mi heroísmo
de buscarte sin cesar.
Si era *más yo que yo mismo*
¿cómo no te he de encontrar?

¡Oh vida mía, vida mía!
agonicé con tu agonía
y con tu muerte me morí.
De tal manera te quería,
que estar sin ti es estar sin mí.

                             Febrero de 1912

LA AMADA INMÓVIL

¿LLORAR? ¡POR QUÉ!

Éste es el libro de mi dolor:
lágrima a lágrima lo formé;
una vez hecho, te juro, por
Cristo, que nunca más lloraré.
¿Llorar? ¡Por qué!

Serán mis rimas como el rielar
de una luz íntima, que dejaré
en cada verso; pero llorar,
¡eso ya nunca! ¿Por quién? ¿Por qué?

Serán un plácido florilegio,
un haz de notas que regaré,
y habrá una risa por cada arpegio...
¿Pero una lágrima? ¡Qué sacrilegio!
      Eso ya nunca. ¿Por quién? ¿Por qué?

AMADO NERVO

«GRATIA PLENA»

Todo en ella encantaba, todo en ella atraía
su mirada, su gesto, su sonrisa, su andar...
El ingenio de Francia de su boca fluía.
Era *llena de gracia*, como el Avemaría;
¡quién la vio, no la pudo ya jamás olvidar!

Ingenua como el agua, diáfana como el día,
rubia y nevada como Margarita sin par,
al influjo de su alma celeste amanecía...
Era *llena de gracia*, como el Avemaría;
¡quien la vio, no la pudo ya jamás olvidar!

Cierta dulce y amable dignidad la investía
de no sé qué prestigio lejano y singular.
Más que muchas princesas, princesa parecía:
era *llena de gracia*, como el Avemaría;
¡quien la vio, no la pudo ya jamás olvidar!

Yo gocé del privilegio de encontrarla en mi vida
dolorosa; por ella tuvo fin mi anhelar,
y cadencias arcanas halló mi poesía.
Era llena de gracia como el Avemaría;
¡quien la vio no la pudo ya jamás olvidar!

¡Cuánto, cuánto la quise! ¡Por diez años fue mía,
pero flores tan bellas nunca pueden durar!
¡Era llena de gracia, como el Avemaría,
y a la Fuente de gracia, de donde procedía,
se volvió... como gota que se vuelve a la mar!

Marzo de 1912

LA AMADA INMÓVIL

«¡PUELLA MEA!»

Muchachita mía,
gloria y ufanía
de mi atardecer,
yo sólo tenía
la santa alegría
de mi poesía
y de tu querer.

¿Por qué te partiste?
¿Por qué te me fuiste?
Mira que estoy triste,
triste, triste, triste,
con tristeza tal,
que mi cara mustia
deja ver mi angustia
como si fuera de cristal.

Muchachita mía,
¡qué sola, qué fría
te fuiste aquel día!
¿En qué estrella estás?
¡En qué espacio vuelas!
¡En que mar rielas!
¿Cuándo volverás?
—¡Nunca, nunca más!

Marzo de 1912

SU TRENZA

Bien venga, cuando viniere,
la Muerte: su helada mano
bendeciré si me hiere...
He de morir como muere
un caballero cristiano.

Humilde, sin murmurar,
¡oh Muerte!, me he de inclinar
cuando tu golpe me venza;
... ¡pero déjame besar,
mientras expiro, su trenza!

¡La trenza que le corté
y que, piado, guardé
(*impregnada todavía
del sudor de su agonía*)
la tarde en que se me fue!

Su noble trenza de oro:
amuleto ante quien oro,
ídolo de locas preces,
empapado por mi lloro
tantas veces..., tantas veces...

Deja que, muriendo, pueda
acariciar esa seda
en que vive aún su olor.
... ¡Es todo lo que me queda
del aquel infinito amor!

Cristo me ha de perdonar
mi locura, al recordar
otra trenza, en nardo llena,
con que se dejó enjugar
los pies por la Magdalena.

10 de marzo de 1912

ESCAMOTEO

Con tu desaparición
es tal mi estupefacción,
mi pasmo, que a veces creo
que ha sido un *escamoteo*,
una burla, una ilusión;
que tal vez sueño despierto
que muy pronto te veré,
y que me dirás: «¡No es cierto,
vida mía, no me he muerto;
ya no llores..., bésame!»

Marzo de 1912

AMADO NERVO

¿QUE MÁS ME DA?

In angello cum libello.
KEMPIS

¡Con ella, todo; sin ella, nada!
Para qué viajes,
cielos, paisajes.
¡Qué importan soles en la jornada!
¡Qué más me da
la ciudad loca, la mar rizada,
el valle plácido, la cima helada,
¡si ya conmigo mi amor no está!
Qué más me da...

Venecias, Romas, Vienas, Parises:
bellos sin duda; pero copiados
en sus celestes pupilas grises,
¡en sus divinos ojos rasgados!
Venecias, Romas, Vienas, Parises,
qué más me da
vuestra balumba febril y vana,
si de mi brazo no va mi Ana,
¡si ya conmigo mi amor no está!
Qué más me da...

Un rinconcito que en cualquier parte me preste abrigo;
un apartado refugio amigo
donde pensar;
un libro austero que me conforte;
una esperanza que sea norte de
mi penar,
y un apacible morir sereno,
mientras más pronto, más dulce y bueno:
¡qué mejor cosa puedo anhelar!

Marzo de 1912

LA AMADA INMÓVIL

¡QUIÉN SABE POR QUÉ!

Perdí tu presencia,
pero la hallaré;
pues oculta ciencia
dice a mi conciencia
que en otra existencia
te recobraré.

Tú fuiste en mi senda
la única prenda
que nunca busqué;
llegaste a mi tienda
que tu noble ofrenda,
¡quién sabe por qué!

¡Ay! por cuánta y cuánta
quimera he anhelado
que jamás logré...
y en cambio, a ti, santa,
dulce bien amado,
te encontré a mi lado,
¡quién sabe por qué!

Viniste, me amaste;
diez años llenaste
mi vida de fe,
de luz y de aroma;
en mi alma arrullaste
como una paloma,
¡quién sabe por qué!

... Y un día te fuiste.
¡Ay triste!, ¡ay triste!
... Pero te hallaré;
pues oculta ciencia,
dice a mi conciencia
que en otra existencia
te recobraré.

19 de marzo de 1912

MI SECRETO

¿Mi secreto? ¡Es tan triste! Estoy perdido
de amores por un ser desaparecido,
por un alma liberta,
que diez años fue mía, y que se ha ido...
¿Mi secreto? Te lo diré al oído:
¡Estoy enamorado de una muerta!

¿Comprendes —tú que buscas los *visibles*
transportes, las reales, las tangibles
caricias de la hembra, que se plasma
a todos tus deseos invencibles—
ese imposible de los imposibles
de adorar a un fantasma?

¡Pues tal mi vida es y tal ha sido
y será!
      Si por mí solo ha latido
su noble corazón, hoy mudo y yerto,
¿he de mostrarme desagradecido
y olvidarla, nomás porque ha partido
y dejarla, nomás porque se ha muerto?

25 de marzo de 1912

LA AMADA INMÓVIL

METAFISIQUEOS

¡De qué sirve al triste la filosofía!
Kant o Schopenhauer o Nietzsche o Bergson...
¡Metafisiqueos!
      En tanto, Ana mía,
te me has muerto, y yo no sé todavía
dónde ha de buscarte mi pobre razón.

¡Metafisiqueos, pura teoría!
¡Nadie sabe nada de nada; mejor
que esa pobre ciencia confusa y vacía,
nos alumbra el alma, como luz del día,
el secreto instinto del eterno amor!

No ha de haber abismo que ese amor no ahonde,
y he de hallarte. ¿Dónde? ¡No me importa dónde!
¿Cuándo? No me importa... ¡pero te hallaré!
Si pregunto a un sabio, «¡Qué sé yo!» –responde–.
Si pregunto a mi alma, me dice «¡Yo sé!»

                    27 de marzo de 1912

UNIDAD

No, madre, no te olvido;
mas apenas ayer ella se ha ido,
y es natural que mi dolor presente
cubra tu dulce imagen en mi mente
con la imagen del otro bien perdido.

Ya juntas viviréis en mi memoria
como oriente y ocaso de mi historia,
como principio y fin de mi sendero,
como nido y sepulcro de mi gloria;
¡pues contigo, nací; con ella, muero!

Ya viviréis las dos en mis amores
sin jamás separaros;
pues, como en un matiz hay dos colores
y en un tallo dos flores,
¡en una misma pena he de juntaros!

28 de marzo de 1912

II – *PENSAMIENTOS AFINES*

*Mais elle était du monde où les belles choses
ont le pire destin;
et rose, elle a vécu ce qui vivent les roses,
l'espace d'un matin.*

MALHEBERE

Elle est venue; elle a souri: elle a passé.

EPITAFIO ANTIGUO

*Vous qui pleurez, venez à ce Dieu, car il pleure.
Vous qui souffrez, venez à lui, car il guérit.
Vous qui tremblez, venez à lui, car il sourit.
Vous qui passez, venez a lui, car il demeure.*

VÍCTOR HUGO

*Je me souviens
des jours anciens
et je pleure...*

VERLAINE

El más rápido corcel para conducir a la perfección es el sufrimiento.

EL MAESTRO ECKHARDT

Death is the chown of life.

YOUNG

AMADO NERVO

EL FANTASMA SOY YO

> *Vivants, vous êtes des fantômes.*
> *C'est nous qui sommes les vivants!*
> V. H.

Mi alma es una princesa en su torre metida,
con cinco ventanitas para mirar la vida.
Es una triste diosa que el cuerpo aprisionó.
Y tu alma, que desde antes de morirte volaba,
es un ala magnífica, libre de toda traba...
Tú no eres el fantasma: ¡el fantasma soy yo!

¡Qué entiendo de las cosas! Las cosas se me ofrecen,
no como son de suyo, sino como aparecen
a los cinco sentidos con que Dios limitó
mi sensorio grosero, mi percepción menguada.
Tú lo sabes hoy todo...; ¡yo, en cambio, no sé nada!
Tú no eres el fantasma: ¡el fantasma soy yo!

5 de abril de 1912

LA AMADA INMÓVIL

TRES MESES

Mi amada se fue a la Muerte,
partió al Misterio mi amada;
se fue una tarde de invierno;
iba pálida, muy pálida.

Ella que, por su color
gloriosamente rosada,
parecía un ser translúcido
iluminado por llama
interna...

¡Qué lividez
aquella, la de mi Ana,
y qué frialdad! ¡Si tenía
hasta las trenzas heladas!

¡Se fue a la Muerte, que es
nuestra Madre, nuestra Patria
y nuestra sola heredad
tras este valle de lágrimas!

Hoy hace tres meses justos
que se la llevaron trágica-
mente inmóvil, y recuerdo
con qué expresión desolada
se plañía entre los árboles
el viento del Guadarrama.

¡Tres meses de viaje! ¡Nunca
fue nuestra ausencia tan larga!
Noventa días sin verla,
y sin una sola carta...

Abismo de los abismos,
distancia de las distancias,
hondura de las honduras,
muralla de las murallas,
¿dónde tienes a mi muerta?
¡Dámela! ¡Dámela! ¡Dámela!

¡En vano en la noche lóbrega
suena y resuena la aldaba
con que llamo a la gran puerta
del castillo que se alza
en la cima misteriosa
de la fúnebre montaña!

Cierto, detrás de esa hostil
fortaleza, alguien se halla...
Se adivina no sé qué,
un confuso rumor de almas...

De fijo nos oyen, pero
nadie nos responde nada,
y resuena solamente,
con vibraciones metálicas,
en los ámbitos inmensos
el golpazo de la aldaba.

LA AMADA INMÓVIL

Hoy hace tres meses justos
que se la llevaron trágica-
mente inmóvil, y recuerdo
con qué expresión desolada
se plañía entre los árboles
el viento del Guadarrama;
y recuerdo también que
al cruzar por las barriadas
de Madrid, me sollozó
una tétrica gitana:
«¡Señorito, una limosna
por la difunta de su *arma*!»

                                        8 de abril de 1912

AMADO NERVO

HUGUEANA

¡Ay de mí! ¡Cuántas veces, arrobado
en la contemplación de una quimera,
me olvidé de la noble compañera
que Dios puso a mi lado!

—¡Siempre estás distraído! —me decía;
y yo, tras mis fantasmas estelares,
por escrutar lejanos luminares
el íntimo lucero no veía!

Qué insensatos antojos
los de mirar, como en tus versos, Hugo,
las estrellas, en vez de ver sus ojos,
desdeñando en mi triste desatino,
la cordial lucecita que a Dios plugo
encenderme en la sombra del camino...

Hoy que partió por siempre el amor mío,
no me importan los astros, pues sin ella
para mí el universo está vacío.
Antes, era remota cada estrella:
hoy, su alma es la remota, porque en vano
la buscan mi mirada y mi deseo.

Ella que iba conmigo de la mano,
es hoy lo más lejano:
los astros están cerca, pues los veo.

9 de abril de 1912

LA AMADA INMÓVIL

CUANDO DIOS LO QUIERA...

Santa florecita, celestial renuevo,
que hiciste de mi alma una primavera,
y cuyo perfume para siempre llevo;
¿Cuándo en mi camino te hallaré de nuevo?
—¡Cuando Dios lo quiera, cuando Dios lo quiera!

—¡Qué abismo tan hondo! ¡Qué brazo tan fuerte
desunirnos pudo de tan cruel manera!
... Mas ¡qué importa! Todo lo salva la muerte
y en *otra ribera* volveré yo a verte...
—¡En otra ribera... sí!, ¡cuando Dios quiera!

Corazón herido, corazón doliente,
mutilada entraña: si tan tuya era
(carne de tu carne, mente de tu mente,
hueso de tus huesos), necesariamente
has de recobrarla... —¡Sí, cuando Dios quiera!

Abril de 1912

AMADO NERVO

«LE TROU NOIR»

> Y todos los modernos sobrentienden,
> quiénes más, quiénes menos,
> esa inmortalidad del otro lado
> del agujero negro.
>
> FLAUBERT, Correspondence

¡Para el que sufre como yo he sufrido,
para el cansado corazón ya huérfano,
para el triste ya inerme ante la vida,
bendito agujero negro!

¡Para el que pierde lo que yo he perdido
(luz de su luz y hueso de sus huesos),
para el que ni recobra ya, ni olvida,
bendito agujero negro!

¡Agujero sin límites, gigante
y medroso agujero,
cómo intriga a los tontos y a los sabios
la insondabilidad de tu misterio!

¡Mas si hay alma, he de hallar la suya errante;
si no, en la misma nada fundiremos
nuestras áridas bocas, ya sin labios,
en tu regazo, fúnebre agujero!

9 de abril de 1912

LA AMADA INMÓVIL

TODO INÚTIL

Inútil es tu gemido:
no la mueve tu dolor.
La muerte cerró su oído
a todo vano rumor.

En balde tu boca loca,
la suya quiere buscar:
Dios ha sellado su boca:
¡ya no te puede besar!

Nunca volverás a ver
sus sonoras pupilas
en tus veladas arder
como lámparas tranquilas.

Ya sus miradas tan bellas
en ti no se posarán:
Dios puso la noche en ellas
y llenas de noche están...

Las manos inmaculadas
la cruzaste en su ataúd,
y estarán siempre cruzadas:
¡ya es eterna su actitud!

Al noble corazón tierno
que sólo por ti latió,
como a pájaro en invierno
la noche lo congeló.

—¿Y su alma? ¿Por qué no
 [viene?
¡Fue tan mía...! ¿Dónde está?
—Dios la tiene, Dios la tiene:
¡Él te la devolverá
quizá!

19 de abril de 1912

¡CÓMO SERÁ!

Si en el mundo fue tan bella,
¿cómo será en esa estrella
donde está?
¡Cómo será!

Si en esta prisión oscura,
en que más bien se adivina
que se palpa la hermosura,
fue tan peregrina,
¡cuán peregrina será
en el más allá!

Si de tal suerte me quiso
aquí, ¿cómo me querrá
en el azul paraíso
en donde mora quizá?
¡Cómo me querrá!

Si sus besos eran tales
en vida, ¡cómo serán
sus besos espirituales!
¡Qué delicias inmortales
no darán!
Sus labios inmateriales,
¡cómo besarán!

... Siempre que medito en esa
dicha que alcanzar espero,
que muero porque no muero:
hallo la vida muy tarda
y digo: ¿cómo será
la ventura que me aguarda
donde ella está?
¡Cómo será!

21 de abril de 1912

III – *PENSAMIENTOS AFINES*

Así como entre el eco sordo de las aguas y los diversos rumores que se escuchan cuando se abre un túnel, oímos de vez en cuando el ruido de los barreteros que vienen hacia nosotros del lado opuesto, así también a intervalos escuchamos los golpes de la piqueta de nuestros camaradas, los que se fueron al más allá...

SIR OLIVER LODGE
(Rector de la Universidad de Birmingham)

El alma, cuando dormimos, tiene ojos de lince.

ESQUILO. Euménides.

*Oh, Christ, that it were possible
for one short hour to see
the souls we loved, that they migh tell us
what and where they be!*

TENNYSON, Maud, Pt. IV, III

LA CITA

> Llamaron quedo, muy quedo,
> a la puerta de tu casa...
>
> VILLAESPESA

—¿Has escuchado?
Tocan la puerta...
—La fiebre te hace
desvariar.
—Estoy citado
con una muerta,
y un día de éstos ha de llamar...
Llevarme pronto me ha prometido;
a su promesa no ha de faltar...
Tocan la puerta. Qué, ¿no has oído?
—La fiebre te hace desvariar.

26 de abril de 1912

LA AMADA INMÓVIL

NADIE CONOCE EL BIEN

Había un ángel cerca de mí,
mas no le vi...
Posó las plantas maravillosas
entre las zarzas de mi erial, y
yo, en tanto, estaba viendo otras cosas.

Cuando, callado, tendió su vuelo
y quedó, al irse, torvo mi cielo,
mi vida huérfana, mi alma vacía,
comprendí todo lo que perdía.

Alcé los ojos despavorido,
llamé al ausente con un gemido,
plegó mis labios convulso gesto...

Mas pronto el ángel dejó traspuesto,
con vuelo de ímpetu soberano,
las lindes negras del mundo arcano,
y todo vano fue..., ¡todo vano!

¡Quien del espacio devuelve un ave!
¡Qué imán atrae a un dios ya ido!
Dice el proloquio que nadie sabe
el bien que tiene... ¡sino perdido!

27 de abril de 1912

REPARACIÓN

¡En esta vida no la supe amar!
Dame otra vida para reparar,
¡oh Dios!, mis omisiones,
para amarla con tantos corazones
como tuve en mis cuerpos anteriores;
para colmar de flores,
de risas y de gloria sus instantes;
para cuajar su pecho de diamantes
y en la red de sus labios dejar presos
los enjambres de besos
que no le di en las horas ya perdidas...

Si es cierto que vivimos muchas vidas
(conforme a la creencia
teosófica), Señor, otra existencia
de limosna te pido
para quererla más que la he querido,
para que en ella nuestras almas sean
tan *una*, que las gentes que nos vean
en éxtasis perenne ir hacia Dios
digan: «¡Cómo se quieren esos dos!»

A la vez que nosotros murmuramos
con un instinto lúcido y profundo
(mientras que nos besamos
como locos): «Quizás ya nos amamos
con este mismo amor en otro mundo!»

28 de abril

LA AMADA INMÓVIL

¡CÓMO CALLAN LOS MUERTOS!

¡Qué despiadados son
en su callar los muertos!
    Con razón
todo silencio sin apelación
todo mutismo trágico y glacial,
se llaman: *un silencio sepulcral.*

                        29 de abril

ME BESABA MUCHO

Me besaba mucho, como si temiera
irse muy temprano... Su cariño era
inquieto, nervioso.
        Yo no comprendía
tan febril premura. Mi intención grosera
nunca vio muy lejos...
            ¡Ella presentía!

Ella presentía que era corto el plazo,
que la vela herida por el latigazo
del viento, aguardaba ya..., y en su ansiedad
quería dejarme su alma en cada abrazo,
poner en sus besos una eternidad.

                        4 de mayo de 1912

LA AMADA INMÓVIL

AQUEL OLOR

> Era un' amicizia «di terra lontana».
> GABRIELE D'ANNUNZIO

¿En qué cuento te leí?
¿En qué sueño te soñé?
¿En qué planeta te vi
antes de mirarte aquí?
¡Ah!, ¡no lo sé..., no lo sé!

Pero brotó nuestro amor
con un *antiguo* fervor,
y hubo, al tendernos la mano,
cierta emoción *anterior*,
venida de lo lejano.
Tenía nuestra amistad,
desde el comienzo un cariz
de otro sitio, de otra edad,
y una familiaridad
de indefinible matiz...

Explique alguien (si lo osa)
el hecho, y por qué, además,
de sus caricias de diosa
me queda una misteriosa
esencia sutil de rosa
que viene de un siglo atrás...

7 de marzo de 1912

HÉLAS!

Hélas! je ne suis plus un poète, un artiste:
je ne suis plus qu' un coeur profondément meurtri;
je ne suis qu' un esprit las et farouche et triste,
qui veut saisir un rêve d'amour évanoui...

La Mort a mis devant mes yeux ses lourdes voiles
pour m'empêcher de suivre *Celle* que s'envola;
mais mon âme opiniâtre, cherche dans les étoiles,
fouille les noirs abîmes, et la retrouvera!

       11 de mayo de 1912

LA AMADA INMÓVIL

«REGNUM TUUM»

Fuera, sonrisas y saludos,
vals, esnobismo de los clubs,
mundanidad oropelesca.
Pero al volver a casa, tú.

En el balcón, en la penumbra,
vueltos los ojos al azul,
te voy buscando en cada estrella
del misterioso cielo augur.

¿Desde qué mundo me contemplas?
¿De qué callada excelsitud
baja tu espíritu a besarme?
¿Cuál es el astro cuya luz
viene a traerme tus miradas?
¡Oh, qué divina es la virtud
con que la noche nos penetra
bajo su maternal capuz!

Hasta mañana, salas frívolas,
trajín, ruidos, inquietud,
mundanidad oropelesca,
poligonales fracs, ¡abur!

Y tú, mi muerta, ¡buenas noches!
¿Cómo te va? ¿Me amas aún?
Vuelvo al encanto misterioso,
a la inefable beatitud
de tus lejanos besos místicos.
¡Aquí no reinas más que tú!

                    16 de mayo de 1912

AMADO NERVO

«NEARES TO THEE!»

Avant de t'en aller vers le sombre rivage,
chaque jour, chaque instant, te separait de moi,
car la barque approchait pour l'eternel voyage...
Maintenant, chaque jour nous unit d'avantage;
je suis tous les instants plus près, plus près de toi!

Aujourd'hui, plus qu'hier, et *plus encor demain!*
Ainsi, combien de soirs, je pense avec émoi:
«Qui sait si elle me tend dejà la blanche main
pour m'aider à franchir son abîme lointain!»
... Et je en sens plus près, toujours plus près de toi!

21 de mayo de 1912

IV – PENSAMIENTOS AFINES

> *Que ferai–je de la lyre,*
> *de la veřtu, du destin*
> *hélas! et, sans ton sourire,*
> *que faire–je du matin?*
>
> *Que ferai–je seul, farouche,*
> *ans toi, du jour et des cieux,*
> *de mes baisers sans ta bouche*
> *et de mes pleurs sans tes yeux!*

V.H.

La vie des morts est plus durable que celle de vivants.

GUSTAVE LE BON

Mi diestra sea olvidada. Mi lengua se pegue a mi paladar,
si de ti me olvidare.

SALMOS, 137, 5,6

Mejor es la buena fama que el buen ungüento,
y el día de la muerte que el día del nacimiento.

ECLESIASTÉS, 7,1

Mi alma espera a Jehová,
más que los centinelas la mañana.

SALMOS, 130, 6

La muerte no es quizá más que un cambio de sitio.

MARCO AURELIO

ESTE LIBRO

Un rimador oscuro
que no proyecta sombra,
un poeta maduro
a quien ya nadie nombra,
hizo este libro, amada,
para vaciar en él
como turbia oleada
el ánfora colmada
de lágrimas y hiel.

Humilde florilegio
pobre ramo de rimas,
su solo privilegio
es que acaso lo animas
tú, con tu santo soplo
de amor y de ternura
desde el astro en que estás.

¡Un dolor infinito
labró en él con su escoplo
tu divina escultura,
como en recio granito,
para siempre jamás!

23 de mayo de 1912

LA AMADA INMÓVIL

YA TODO ES IMPOSIBLE

¡Dios no ha de devolvértela porque llores!
Mientras tú vas y vienes por la casa
vacía; mientras gimes,
la pobre está pudriéndose en su agujero.
¡Ya todo es imposible!

Así llenaras veinte lacrimatorias
con la sal de tus ojos; así suspires
hasta luchar en ímpetu
con el viento que pasa, destrozando
las flores de tus jardines;
así solloces hasta herir la entraña
de la noche sublime,
nada obtendrás: la Muerte no devuelve
sino cenizas a los tristes...
La pobre está pudriéndose en su agujero.
¡Ya todo es imposible!

Dios lo ha querido... ¡Inclina la cabeza,
humíllate, humíllate
y aguarda, recogido, en las tinieblas,
el beso de la Esfinge!

31 de mayo de 1912

ESPERANZA

¿Y por qué no va a ser verdad el alma?
¿Qué trabajo le cuesta al Dios que hila
el tul fosfóreo de las nebulosas,
y que traza las tenues pinceladas
de luz de los cometas incansables,
dar al espíritu inmortalidad?

¿Es más incomprensible, por ventura,
renacer que nacer? ¿Es más absurdo
seguir viviendo que el haber vivido,
ser invisible y subsistir, tal como
en redor nuestro laten y subsisten
innumerables formas, que la ciencia
sorprende a cada instante
con sus ojos de lince?

Esperanza, pan nuestro cotidiano:
esperanza, nodriza de los tristes:
murmúrame esas íntimas palabras
que en el silencio de la noche fingen,
en lo más escondido de mi mente,
cuchicheo de blancos serafines...
¿Verdad que he de encontrarme con mi muerta?
Si lo sabes, ¡por qué no me lo dices!

> 2 de junio de 1912

LA AMADA INMÓVIL

EL RESTO ¡QUÉ ES!

Tú eras la sola verdad de mi vida,
el resto ¡qué es!
Humo... palabras, palabras, palabras...
¡mientras la tumba me hace enmudecer!

Tú eras la mano cordial y segura
que siempre estreché
con sentimiento de plena confianza
en tu celeste lealtad de mujer.

Tú eras el pecho donde mi cabeza
se reposó bien,
oyendo el firme latir de la entraña
que noblemente mía sólo fue.

Tú lo eras todo: ley, verdad y vida...
El resto, ¡qué es!

4 de junio

«NIHIL NOVUM...»

¡Cuántos, pues, habrán amado
como mi alma triste amó...
y cuántos habrán llorado
como yo!

¡Cuántos habrán padecido
lo que padecí,
y cuántos habrán perdido
lo que perdí!

Canté con el mismo canto,
lloro con el mismo llanto
de los demás,
y esta angustia y este tedio
ya los tendrán sin remedio
los que caminan detrás.

Mi libro sólo es, en suma,
gotícula entre la bruma,
molécula en el crisol
del común sufrir, renuevo
del Gran Dolor... ¡Nada nuevo
bajo el sol!

... Mas tiene cada berilo
su manera de brillar,
y cada llanto su estilo
peculiar.

10 de junio

LA AMADA INMÓVIL

POR MIEDO

La dejé marcharse sola
...y, sin embargo, tenía
para evitar mi agonía
la piedad de una pistola.

«¿Por qué no morir?» —pensé
«¿Por qué no librarme desta
tortura? ¿Ya qué me resta
después que ella se me fue?»

... Pero el resabio cristiano
me insinuó con voces graves:
«¡Pobre necio, tú qué sabes!»
Y paralizó mi mano.

Tuve miedo..., es la verdad;
miedo, sí, de ya no verla,
miedo inmenso de perderla
por toda una eternidad.

Y preferí —no vivir,
que no es vida la presente—,
sino acabar lentamente,
lentamente, de morir.

11 de junio de 1912

¡CUÁNTOS DESIERTOS INTERIORES!

¡Cuántos desiertos interiores!
Heme aquí joven, fuerte aún,
y con mi heredad ya sin flores...
Némesis sopló en mis alcores
con bocanadas de simún.

De un gran querer, noble y fecundo,
solo una trenza me quedó...
¡y un hueco más grande que el mundo!
Obra fue todo de un segundo.
¿Volveré a amar? ¡Pienso que no!

Sólo una vez se ama en la vida
a una mujer como yo amé;
y si la lloramos perdida
queda el alma tan malherida,
que dice a todo: «¡Para qué!»

Su muerte fue mi premoriencia,
pues que su vida era razón
de ser de toda mi existencia.
Pensarla es ya mi sola ciencia...
¡Resignación! ¡resignación!

13 de junio

LA AMADA INMÓVIL

ESO ME BASTA

Este libro tiene muchos precedentes[1],
tantos como gentes
habrán sollozado
por un bien amado,
desaparecido,
por un gran amor extinguido.

Tal vez muchos otros lloraron mejor
su dolor que yo mi inmenso dolor;
quizás (como eran poetas mayores)
había en sus lágrimas muchos más fulgores...

Yo en mis tristes rimas no pretendo nada:
para mí es bastante
con que mi adorada,
para siempre ida,
detrás de mi hombro las lea anhelante
y diga: «Éste sí que es un buen amante
que nunca me olvida.»

                                                   10 de junio

---

[1] Muchos grandes amantes lloraron antes que yo en rimas eternas: Alighieri, a Beatriz; Petrarca, a Laura; Miguel Angel, a Victoria Colonna.
Muchos hermanos míos por la estatura, también: Espronceda, a Teresa; Isaac, a María; Lieva, a su hermana; Balart, a Dolores; Villaespesa... Y una gran peregrinación de dolientes futuros seguirá a la nuestra: pastoreados todos por nuestra Reina la Muerte.

AMADO NERVO

¡QUÉ BIEN ESTÁN LOS MUERTOS!

¡Qué bien están los muertos,
ya sin calor ni frío,
ya sin tedio ni hastío!

Por la tierra cubiertos,
en su caja extendidos,
blandamente dormidos...

¡Qué bien están los muertos,
con las manos cruzadas,
con las bocas cerradas!

¡Con los ojos abiertos,
para ver el arcano
que yo persigo en vano!

¡Qué bien estás, mi amor,
ya por siempre exceptuada
de la vejez odiada

del verdugo dolor...
inmortalmente joven,
dejando que te troven

su trova cotidiana
los pájaros poetas
que moran en las quietas

tumbas, y en la mañana,
donde la Muerte anida,
saludan a la vida!

17 de junio de 1912

LA AMADA INMÓVIL

«BON SOIR...»

Donc, bon soir, mon mignon, et à demain.

(Palabras que Ana me dejó escritas una
noche en que tuvimos que separarnos).

¡Buenas noches, mi amor, y hasta mañana!
Hasta mañana, sí, cuando *amanezca*,
y yo, después de más de cuarenta años
de incoherente soñar, abra y estriegue
los ojos del espíritu,
como quien ha dormido mucho, mucho,
y vaya lentamente despertando,
y, en una progresiva lucidez,
ate los cabos del ayer de mi alma
(antes de que la carne la ligara)
y del hoy prodigioso
en que habré de encontrarte, en ese plano
en que ya nada es ilusión y todo
es verdad...

¡Buenas noches, amor mío,
buenas noches! Yo quedo en las tinieblas
y tú volaste hacia el amanecer...
¡Hasta mañana, amor, hasta mañana!
¡Porque, aún cuando el destino
acumulara lustro sobre lustro
de mi prisión por vida, son fugaces
esos lustros; sucédense los días
como rosarios, cuyas cuentas magnas
son los domingos...

Son los domingos, en que, con mis flores
voy invariablemente al cementerio
donde yacen tus formas adoradas,
¿Cuántos ramos de flores
he llevado a tu tumba? No lo sé.
¿Cuántos he de llevar? Tal vez ya pocos.
¡Tal vez ya pocos! ¡Oh, qué perspectiva
deliciosa!

Quizás el carcelero
se acerca con sus llaves resonantes
a abrir mi calabozo para siempre!
¿Es por ventura el eco de sus pasos
el que se oye, a través de la ventana,
avanzar por los quietos corredores?
¡Buenas noches, amor de mis amores!
¡*Hasta luego*, tal vez..., o hasta mañana!

25 de junio de 1912

V – *PENSAMIENTOS AFINES*

Et j'ai vu quelque fois ce que l'homme a cru voir.

                ARTURO RIMBAUD

¡Cuándo será que pueda
libre de esta prisión volar al cielo!

                FRAY LUIS DE LEÓN

¡Oh, muerte, ven callada
como sueles venir en la saeta!

                ANÓNIMO SEVILLANO

Cuando Dios, que al que llora recompensa,
se apiade al fin de lo que yo he sufrido,
en silencio me iré como he venido...
Quiero en la sombra entrar. Tengo una inmensa
Necesidad e olvido.

                ANTONIO ZARAGOZA

Tous mes étonnements sont finis sur la terre,
tous mes adieux sont faits, l'âme est prête á jaillir
pour atteindre à ces fruits protegés de mystère
que la pudique mort a seule osé cuellir.

                MARCELINE DESBORDES-VALMORE

SONETO

¡Qué son diez años para la vida de una estrella!
... Más para el triste amante que encontró la mitad
de su alma en el camino, y se enamoró della,
diez años de connubio son una eternidad.

Diez años, cuatro meses y siete días quiso
el Arcano, que encauza las vidas paralelas,
juntarnos no en meloso y estulto paraíso,
sino en la comunión de las almas gemelas.

Conducidos marchamos
por un amor experto;
del brazo siempre fuimos,
 y tal nos adoramos,
que... ¡no sé quién, ha muerto,
o si los dos morimos!

29 de junio de 1912

LA AMADA INMÓVIL

BENDICIÓN A FRANCIA

¡Bendita seas, Francia, porque me diste amor!
En tu París inmenso y cordial, encontré
para mi cuerpo abrigo, para mi alma fulgor,
para mis ideales el ambiente mejor
... ¡y, además, una dulce francesa que adoré!

Por esa mujer noble, tuyo es, Francia querida,
mi reconocimiento; pues que, merced a ella,
tuve todos los bienes: ¡el gusto por la vida,
la intimidad celeste, la ternura escondida,
y la luz de la lámpara y la luz de la estrella!

Yo no sé qué demiurgo la sustrajo a mi anhelo
tras una amputación repentina y cruel,
y ya tú sola, Francia, puedes darme consuelo:
con un refugio amigo para llorar mi duelo,
tu maternal regazo para verter mi hiel,
la sombra de algún árbol en tu florido suelo
... ¡y acaso, en tus colmenas, una gota de miel!

3 de julio de 1912

SEIS MESES...

¡Seis meses ya de muerta! Y en vano he pretendido
un beso, una palabra, un hálito, un sonido...
y, a pesar de mi fe, cada día evidencio
que detrás de la tumba ya no hay más que silencio...

Si yo me hubiese muerto, ¡qué mar, qué cataclismos,
qué vórtices, qué nieblas, qué cimas ni qué abismos
burlaran mi deseo febril y omnipotente
de venir por las noches a besarte en la frente,
de bajar, con la luz de un astro zahorí,
a decirte al oído: «¡No te olvides de mí!»

Y tú, que me querías tal vez más que te amé,
callas inexorable, de suerte que no sé
sino dudar de todo, del alma, del destino,
¡y ponerme a llorar en medio del camino!
Pues con desolación infinita evidencio
que detrás de la tumba ya no hay más que silencio...

7 de julio de 1912

LA AMADA INMÓVIL

PIEDAD

¡No porque está callada
y ya no te responde, la motejes;

no porque yace helada,
severa, inmóvil, rígida, la huyas;

no porque está tendida
y no puede seguirte ya, la dejes;

no porque está perdida
para siempre jamás, la sustituyas!

9 de julio de 1912

POBRECITA MÍA

Bien sé que no puedes,
pobrecita mía,
venir a buscarme.
¡Si pudieras, vendrías!

Acaso te causan
dolor mis fatigas,
mis ansias de verte,
mis quejas baldías,
mi tedio implacable,
mi horror por la vida...
¡No puedes traerme consuelo!

¡Si pudieras, vendrías!

¡Qué honda, qué honda
debe ser la sima
donde caen los muertos,
pobrecita mía!

¡Qué mares sin playas,
qué noche infinita,
qué pozos danáideos,
qué fieras estigias
deben separarnos de los que se mueren
desgajando en dos
almas una misma,
para que no puedas venir a buscarme!

Si pudieras, vendrías...

11 de julio de 1912

LA AMADA INMÓVIL

LOS MUERTOS MANDAN

«Los muertos mandan», ¡sí, tú mandas, vida mía!
Si ejecuto una acción, digo: «¿Le gustaría?»
Hago tal o cual cosa, pensando: «¡Ella lo hacía!»

Busco lo que buscabas, lo que dejabas dejo,
amo lo que tú amabas, copio como un espejo
tus costumbres, tus hábitos... ¡Soy nomás tu reflejo!

13 de julio de 1912

AMADO NERVO

LEJANÍA

¡Parece mentira que hayas existido!
Te veo tan lejos...
Tu mirada, tu voz, tu sonrisa,
me llegan del fondo de un pasado inmenso...

Eres más sutil,
que mi propio ensueño;
eres el fantasma de un fantasma,
eres el espectro de un espectro...
Para reconstruir tu imagen remota
he menester ya de un enorme esfuerzo.

¿De veras me quisiste? ¿De veras me besabas?
¿De veras recorrías la casa, hoy en silencio?
¿De veras, en diez años, tu cabecita rubia
reposó por las noches, confiada, en mi pecho?

¡Ay, qué perspectivas ésas de la muerte!
¡Qué horizontes tan bellos!
¡Cuál os divinizan, oh difuntas jóvenes,
con sus lejanías llenas de misterio!
¡Qué consagraciones tan definitivas
las que da el Silencio...!
¡Cuál os vuelve míticas, casi fabulosas!
¿Qué tristes mujeres de carne y de hueso,
con sus pobres encantos efímeros,
podrían venceros?

Tenéis un augusto prestigio de estatua,
y por un fenómeno de rareza lleno,
mientras más distantes, más imperiosas
vais agigantándoos en el pensamiento.

                                  17 de julio de 1912

LA AMADA INMÓVIL

HUELGA DE CÉLULAS

Este concurso de células,
unánimes en su intento
misterioso de que dure
la intensa vida en mi cuerpo;
esos miles de millones
de pequeñitos cerebros,
que, con una disciplina
admirable en el esfuerzo,
se dividen el trabajo
de mis órganos diversos,
y mantienen el fenómeno
de mi existir en el tiempo,
un día, quizá cercano
(mañana, tal vez hoy mesmo),
han de declararse en huelga,
porque en el reloj eterno
sonó el instante...
¡Qué júbilo
entonces el del colegio
aquel, más de cuarenta años
a mi espíritu sujeto!

¡Qué alegría en el cotarro
innúmero y turbulento!

Cada grupo ha de tirar
por su lado con estruendo:

—¡Vuelvo a la rosa!, dirá
uno; y otro: ¡Al aire vuelvo!

y otro: ¡Al agua!; y otro: ¡Al barro!
y otro: ¡Al carbón!; y otro: ¡Al hierro!;

y otro: ¡A la cal!; y otro: ¡Al fósforo!;
y otro: ¡A la mar!; y otro: ¡Al cielo!

Y mi espíritu entretanto,
verá feliz, sonriendo,
la disociación bendita
que restituye al Acervo
lo prestado...
Más de pronto,
movido por el recuerdo
más hondo, más persuasivo,
más amante, más inmenso,
se preguntará a sí mismo:
—Bien, y yo, ¿adónde me vuelvo?
—¡A mis brazos! —gritará
en la eternidad tu acento...

Y cuando los dos, fundidos
en una sola alma estemos,
el océano infinito
nos absorberá en silencio...

12 de julio de 1912

... PERO TE AMO

Yo no sé nada de la vida,
yo no sé nada del destino,
yo no sé nada de la muerte;
¡pero te amo!

Según la buena lógica, tú eres luz extinguida;
mi devoción es loca, mi culto, desatino,
y hay una insensatez infinita en quererte;
¡pero te amo!

25 de julio de 1912

«VIVIR SIN TUS CARICIAS...»

Vivir sin tus caricias es mucho desamparo;
vivir sin tus palabras es mucha soledad;
vivir sin tu amoroso mirar, ingenuo y claro,
es mucha oscuridad...

25 de julio de 1912

VI – PENSAMIENTOS AFINES

Soy un cadáver: ¿cuándo me entierran?
Soy un ausente: ¿cuándo me voy?

DÍAZ MIRÓN

On n'emporte en mourant que ce qu'on donné.

EMILE DESCHANEL

Un sel être vous manque et tout est dépeuplé.

LAMARTINE

Si agradable descanso, paz serena,
la muerte, en traje de dolor, envía,
señas da su desdén de cortesía:
más tiene de caricia que de pena.

DON FRANCISCO DE QUEVEDO

Si nous avons l'oreille fine, nous pouvons entendre
la chute de nos instants dans le néant, comme
un vase qui se vide goutte à goutte.

HENRI BORDEAUX

POR ESTA SELVA...

Por esta selva tan espesa,
donde nunca el sol penetró,
buscando voy una princesa
que se me perdió.

Entre los árboles copudos,
entre las lianas verdinegras
que trepan por los desnudos
troncos, como culebras;

entre las rocas de hosquedad
hostil y provocativa
y la pavorosa soledad
y la penumbra esquiva

buscando voy una princesa
rubia como la madrugada
que ha partido y que no regresa
desta espesura malhadada.

Dicen que al fin de aquella ruta,
que bordean el ciprés y el enebro,
hay una reina muy enjuta
que mora en un castillo muy negro;

que guarda en fieros torreones
otras princesas como la mía,
y que es sorda a las rogaciones
del desamparo y de la agonía.

... Más acaso si yo pudiese
ver a la reina, y su huella
seguir astuto, al cabo diese
con el castillo negro... ¡y con Ella!

Pero el más seguro instinto
no se sentiría capaz
de guiarse por el laberinto
desta penumbra pertinaz.

Es que el espíritu presiente
algo fatal que se avecina,
y en que acaso es más imponente
que lo que vemos claramente,
lo que tan sólo se adivina.

Heme aquí, pues, con l'alma opresa
en medio de la oscuridad,
enamorado de una princesa
que se perdió en la selva espesa
tal vez por una eternidad.

31 de julio de 1912

EL VIAJE

Para calmar a veces un poco el soberano,
el invencible anhelo de volverte a mirar,
me imagino que viajas por un país lejano
de donde es muy difícil, ¡muy difícil!, tornar.

Así mi desconsuelo, tan hondo, se divierte,
doy largas a mi espera, distraigo mi hosco esplín,
y, pensando en que tornas, en que ya voy a verte,
un día, en cualquier parte, me cogerá la muerte
y me echará en tus brazos, ¡por fin!, ¡por fin!,
¡por fin!

2 de agosto de 1912

LA AMADA INMÓVIL

SIN RUMBO

Por diez años su diáfana existencia fue mía.
Diez años en mi mano su mano se apoyó,
... ¡y en solo unos instantes se me puso tan fría,
que por siempre mis besos congeló!

¡Adónde iréis ahora, pobre nidada loca
de mis huérfanos besos, si sus labios están
cerrados, si hay un sello glacial sobre su boca,
si su frente divina se heló bajo su toca,
si sus ojos ya nunca se abrirán!

14 de agosto de 1912

DESPUÉS

Despúes de aquella brava agonía,
ya me resigno..., ¡sereno estoy!
Yo, que con ella, nada pedía,
hoy, ya sin ella, solo querría
ser noble y bueno... ¡mientras me voy!

En su bendito nombre que adoro,
ser noble y bueno, y al expirar,
poder decirme: «¡Nada atesoro:
di toda mi alma, di todo mi oro,
di todo aquello que pude dar!»

Desnudo torno como he venido;
cuanto era mío, mío no es ya:
como un aroma me he difundido,
como una esencia me he diluido,
y, pues que nada tengo ni pido,
¡Señor, al menos vuélvemela!

                    20 de agosto de 1912

LA AMADA INMÓVIL

¡OH MUERTE!

Muerte, ¡cómo te he deseado!
¡con qué fervores te he invocado!,
¡con qué anhelares he pedido
a tu boca su beso helado!
¡Pero tú, ingrata, no has oído!

¡Vendrás, quizá, con paso quedo,
cuando de partir tenga miedo,
cuando la tarde me sonría
y algún ángel, con rostro ledo,
serene mi melancolía!

Vendrás, quizá, cuando la vida
me muestre una veta escondida
y encienda para mí una estrella...
¡Qué importa! Llega, ¡oh Prometida!:
¡siempre has de ser la bienvenida,
pues que me juntarás con ELLA!

22 de agosto de 1912

ALQUIMIA

Bien sé que para verte
he menester la alquimia de la muerte
que me transmute en alma, y delirante
de amor y de ansiedad, a cada instante
que llega, lo requiero
diciéndole: «¡Ah!, ¡si fueses tú el postrero!»

Es tan desmesurado, tan divino
y tan hondo el futuro que adivino
a través de las rutas estelares,
y de uno en otro de los avatares
siempre contigo, noble compañera,
que por poder morir, ¡ay, qué no diera!

24 de agosto de 1912

LA AMADA INMÓVIL

DIÁLOGO

EL DESALIENTO

¡Por qué empeñarse en buscar
a quien se quiere esconder!
Si Dios no se deja ver,
alma, ¿cómo le has de hallar?
... Y aún pretendes lograr
que esa esfinge que se esconde
y calla, te diga dónde
recobrarás a tu muerta.

¡Ilusa, llama a otra puerta,
que en ésta nadie responde!

LA ESPERANZA

—Hay que empeñarse en buscar
a quien se quiere esconder.
Si Dios no se deja ver,
alma, le tienes de hallar
por fuerza.

Y has de lograr
que esa esfinge que se esconde
y calla, te diga dónde
recobrarás a tu muerta.

¡Si la Fe llama a una puerta,
el Amor siempre responde!

     20 de septiembre de 1912

TAL VEZ

Tal vez ya no le importa mi gemido
en el indiferente edén callado
en que el espíritu desencarnado
vive como dormido...
Tal vez ni sabe ya cómo he llorado
ni cómo he padecido.

En profundo quietismo,
su alma, que antes me amara de tal modo,
se desliza glacial por ese abismo
del eterno mutismo,
olvidada de sí, de mí, de todo...

20 de septiembre de 1912

LA AMADA INMÓVIL

«LUX PERPETUA»

Si ha de ser condición de mi dicha el olvido
de ti, quiero estar triste siempre (como he vivido).
Prefiero la existencia más árida y doliente
al innoble consuelo de olvidar a mi ausente.

Por lo demás, ¡qué tengo sin ti de cosa propia,
que me halague o sonría en esta dura inopia,
ni qué luz en mis noches me quedará, si pierdo
también la lamparita cordial de tu recuerdo!

VII – PENSAMIENTOS AFINES

Il n'y a pas de mort.

MAETERLINCK

Les vois de la mort sont apaisantes et sereines.

HENLEY

E, quando noi cominciammo ad aprire gli occhi sul visibile, gia eravamo da tempo aderenti all'invisibile.

G. D'ANNUNZIO

Celui qui croit vaut mieux, pèse davantage, contient plus de vie que celui qui doute.

JACQUES RIVIERE

La Religion, sous telle de ses formes, nous donne la sérénité, l'équilibre moral, le bonheur.

EMILE BOUTROUX

UN SIGNO

Eternidad: ¡devuélveme lo que me has sustraído!
Abismo: ¡restitúyeme lo que sorbió tu hondura!
Esfinge: ¡escucha mi alarido!
¡Compadécete ya, Noche oscura!

Oye mi imploradora
voz, ¡oh Isis!, desgarra tu capuz,
... y tú, lucero ignoto en que ella mora,
¡por piedad, hazme un signo de luz!

16 de octubre de 1912

***

¿POR QUÉ?

¿Por qué tú, que me amabas con esa multiforme
solicitud celeste, me dejas hoy? ¿Por qué
no acudes a mis lágrimas?
—Es un misterio enorme...
—Es un misterio enorme... ¡pero yo lo sabré!

22 de octubre de 1912

LA AMADA INMÓVIL

ETERNIDAD

¡La muerte! ¡Allí se agota todo esfuerzo,
allí sucumbe toda voluntad!

¡La Muerte! ¡Lo que ayer fue nuestro
hoy sólo es nuestra Nada!... ¡Eternidad!

¡Silencio!... El máximo silencio
que es posible encontrar
¡Silencio!... ¡Ultra-silencio!,
y no más! ¡Oh, no más!

¡Ni una voz en la noche
que nos pueda guiar!

Ana, razón suprema de mi vida,
dónde estás, dónde estás, dónde estás?

Se abisma en el abismo el pensamiento,
se enlobreguece ¡al fin! todo mirar
en esta lobreguez inexorable,
y desespera, a fuerza de esperar,
la más potente de las esperanzas.
¡Eternidad, eternidad!

23 de octubre de 1912

AMADO NERVO

EL ENCUENTRO

¿Por qué permaneciste siempre sorda a mi grito?
¡Dios sabe cuántas veces, con amor infinito,
te busqué en las tinieblas, sin poderte encontrar!
... Hoy —¡por fin!— te recobro: todo, pues, era cierto...
¡Hay un alma! ¡Qué dicha! No es que sueñe despierto...
¡Te recobro! ¡Me miras y te vuelvo a mirar!

—Me recobras, amigo, porque ya eres un muerto:
de fantasma a fantasma nos podemos amar.

29 de octubre de 1912

LA AMADA INMÓVIL

IMPACIENCIA

Soy un viajero que tiene prisa
de partir.
Soy un alma impaciente e insumisa,
que se quiere ir.

Soy un ala que trémula verbero...
¿Cuándo vas, oh Destino, a quitar
de mi pie tu grillete de acero
y —¡por fin!— a dejarme volar?

31 de octubre de 1912

***

DILEMA

O no hay alma, y mi muerta ya no existe
(conforme al duro y cruel «polvo serás»),
... o no puede venir y está muy triste;
pero olvidarse de mi amor, ¡jamás!

Si de lo que ella fue sólo viviese
un átomo consciente, tras la fría
transmutación de los sepulcros, ¡ese
átomo de conciencia me amaría!

1 de noviembre de 1912

7 DE NOVIEMBRE (1912)

La noche en que estaba tendida –hoy hace diez meses– era la noche última que iba a pasar en su casa, bajo nuestro techo acogedor. ¡En su casa, donde siempre había sido el alma, y la luz, y todo! ¡En su casa, donde la adorábamos con la más vieja, noble y merecida ternura; donde cuanto la rodeaba era suyo, afectuosamente suyo!

¡Y habría que echarla fuera al día siguiente! Fuera, como una intrusa... Fuera en pleno invierno, entre el trágico sollozar de los cierzos. Y habría que alejarla de nosotros como a una cosa impura, nefanda; ¡que esconderla en un cajón enlutado y hermético!, y llevarla lejos, por el campo llovido, por los barrizales infectos, para meterla en un agujero sucio y glacial. ¡A ella, que había disfrutado por más de diez años la blancura tibia de la mitad de mi lecho! ¡A ella, que había tenido mi hombro viril y seguro como almohada de su cabecita luminosa! ¡A ella, que vio mi solicitud tutelar encendida siempre como una lámpara como su existencia!

¡Oh, Dios, dime si sabes de una más despiadada angustia, y si no merezco ya que brille para mí tu misericordia!...

LA AMADA INMÓVIL

LA SANTIDAD DE LA MUERTE

La santidad de la muerte
llenó de paz tu semblante,
y yo no puedo ya verte
de mi memoria delante,
sino en el sosiego inerte
y glacial de aquel instante.

En el ataúd exiguo,
de ceras a la luz fatua,
tenía tu rostro ambiguo
quietud augusta de estatua
en un sarcófago antiguo.

Quietud con yo no sé qué
de dulce y meditativo;
majestad de lo que fue;
reposo definitivo
de quien ya sabe el porqué.

Placidez honda, sumisa
a la Ley; y en la gentil
boca breve, una sonrisa
enigmática, sutil,
iluminando indecisa
la tez color de marfil.

A pesar de tanta pena
como desde entonces siento,
aquella visión me llena
de blando recogimiento
y unción..., como cuando
               [suena
la esquila de algún convento
en una tarde serena...

                    15 de noviembre de 1912

VIII – *PENSAMIENTOS AFINES*

C'est l'amour qui, à la fin, aura raison...

A. NERVO

Una muerte pronta es la ventura suprema de la vida.

PLINIO

Si tuviese fuerza bastante para sostener la pluma, escribiría lo fácil y delicioso que es morir.

WILLIAM HUNTER.
(Últimas palabras)

Rien ne m'est plus, plus ne m'est rien.

(Divisa de VALENTINA DE MILÁN)

IMPOTENCIA

Señor, piedad de mí porque no puedo
consolarme... Lo intento, mas en vano.
Me sometí a tu ley porque eras fuerte:
¡El fuerte de los fuertes!... Pero acaso
es mi resignación sólo impotencia
de vencer a la Muerte, cuyo ácido
ósculo corrosivo,
royendo el corazón que me amó tanto,
royó también mi voluntad de acero...
¡La Muerte era titánica; yo, átomo!

¡Señor, no puedo resignarme, no!
¡Si te digo que ya estoy resignado,
y si murmuro *fiat voluntas tua*,
miento, y mentir a Dios es insensato!

¡Ten piedad de mi absurda rebeldía!
¡Que te venza, Señor, mi viril llanto!
¡Que conculque tu ley tu piedad misma!...
Y revive a mi muerta como a Lázaro
o vuélveme fantasma como a ella,
para entrar por las puertas del Arcano
y buscar en el mundo de las sombras
el deleite invisible de sus brazos.

16 de noviembre

LA AMADA INMÓVIL

BENDITA

Bendita seas, porque me hiciste
amar a la muerte, que antes temía.
Desde que de mi lado te fuiste,
amo la muerte cuando estoy triste;
si estoy alegre, más todavía.

En otro tiempo su hoz glacial
me dio terrores; hoy, es amiga.
¡Y la presiento tan maternal!...
Tú realizaste prodigio tal.
¡Dios te bendiga! ¡Dios te bendiga!

19 de noviembre

AL ENCONTRAR UNOS FRASCOS DE ESENCIA

¡Hasta sus perfumes duran más que ella!
Ved aquí los frascos, que apenas usó,
y que reconstruyen para mí la huella
sutil que en la casa dejó...

Herméticamente encerrada
la esencia en sus pomos, no se escapará.
... Mientras que el espíritu de mi bien amada,
más imponderable, más tenue quizá,
voló de sus labios, redoma encantada,

¡y en dónde estará!

1 de diciembre

LA AMADA INMÓVIL

SEÑUELO

La Muerte nada quiere con los tristes.
Subrepticia y astuta,
aguarda a que riamos
para abrirnos la tumba
y, con su dedo trágico, de pronto
señalarnos la húmeda
oquedad, y empujarnos brutalmente
hacia su infecta hondura.

Mas yo tengo tal gana de que venga,
que voy a ser feliz para que acuda,
para que sea mi reír señuelo,
y ella caiga en la trampa de venturas
ruidosas, que en el fondo con tristezas...

¿La engañaré? ¡Quizá, si tú me ayudas
desde la eternidad, oh inmarcesible
amada, oh novia única,
cuyos besos de sombra
he de reconquistar, pese a la Enjuta
que te mató a mansalva hace once meses,
dejando a un infeliz por siempre a oscuras!

7 de diciembre de 1912

YO NO DEBO IRME

Yo no debo irme: tengo de esperar
hasta que la muerte me venga a llamar
¡Tengo de esperar!

¡Cuánto, tarda, cuánto!
... Pero el tiempo corre
y a veces escucho, cerca de mi torre,
entre las tinieblas, cauteloso andar.
... Mucho tarda, pero tiene de llegar.

Rejas insidiosas, rejas que vedáis
para mí la vida, que cuadriculáis
para mí los aires; impasibles rejas,
duras a mis dedos, sordas a mis quejas;
habrán de limaros mis firmes anhelos,
y quizá una noche me abriréis los cielos.

Mucho, tal vez mucho tengo de esperar;
pero al fin la muerte me vendrá a llamar.

10 de diciembre

RESURRECCIÓN

Yo soy tan poca cosa, que ni un dolor merezco...
Mas tú, Padre, me hiciste merced de un gran dolor.
Ha un año que lo sufro, y un año ya que crezco
por él en estatura espiritual, Señor.

¡Oh Dios, no me lo quites! Él es la sola puerta
de luz que yo vislumbro para llegar a Ti.
Él es la sola vida que vive ya mi muerta:
mi llanto, diariamente, la resucita en mí.

26 de diciembre

¡REYES!

Oh Reyes, me trajisteis hace un año un presente
excepcional: un gran dolor.
Fuisteis conmigo pródigos, cual monarcas de Oriente,
Baltasar, Gaspar y Melchor.

Durante las tristísimas horas de vuestra noche,
terribles horas de expiación,
mi solo bien, mi frágil azucena, su broche
plegaba ya sin remisión.

Todo fue inútil: llanto, plegarias. Y al siguiente
día vi agostarse mi flor.
Fuisteis conmigo pródigos, monarcas del Oriente;
vuestros tres dromedarios trajéronme el presente
más grande, ¡oh Baltasar, oh Gaspar, oh Melchor!

6 de enero de 1913

LA AMADA INMÓVIL

HASTA MURIÉNDOTE...

Hasta muriéndote me hiciste bien,
porque la pena de aquel edén
incomparable que se perdió,
trocando en ruego mi vieja rima,
llevó mis ímpetus hacia la cima,
pulió mi espíritu como una lima
y como acero mi fe templó.

Hoy, muy dolido, mas ya sereno,
por ti quisiera ser siempre bueno;
de los que sufren tengo piedad;
en mi alma huérfana, sólo Dios priva,
nada mi vuelo mental cautiva,
y es mi esperanza cual siempreviva
que se abre a un beso de eternidad.

13 de enero de 1913

¡QUÉ IMPORTA!

¡Qué importa que no sepas cómo te sigo amando
más allá del sepulcro, si lo sé con creces!
¡Qué importa que no escuches cómo estoy sollozando,
si escucho mi sollozo yo, que soy tú dos veces!

IX – *PENSAMIENTOS AFINES*

La grandeur de l'homme se mesure à celle des mystêres qu'il cultive...

                                            MAETERLINCK

Puesto que hemos tenido el privilegio de existir, hemos tenido el privilegio de entrar de lleno en el misterio del universo, y somos forzosamente una porción —por pequeña que sea— de ese misterio.

                                            A.N.

... Où est Dieu, les ruines et les naufrages en sont jamais définitifs.

                                            LOID

Il sait (le mystique) que l'univers entier, aussi bien que lui même, est en securité entre les mains paternelles de son Dieu...

                                      WILLIAM JAMES.
                                      L'Experience Religieuse
                                      Trad. de F. Abunzit

There is no room for death

                                          EMILY BRONTE

... Et les baisers de moins et les rides de plus!

                                          VÍCTOR HUGO

BIENAVENTURADOS

¡Bienaventurados,
los dignificados
por la dignidad glacial de la muerte;
los invulnerables ya por los hados,
una y misma coda ya con el Dios fuerte!

¡Bienaventurados!

Bienaventurados los que destruyeron
el muro ilusorio de espacio y guarismos;
los que a lo absurdo ya por fin volvieron;
los que ya midieron todos los abismos.

Bienaventurada, dulce muerta mía,
a quien he rezado como letanía
de fe, poesía
y amor, estas páginas... que nunca leerás.
Por quien he vertido, de noche y de día,
todas estas lágrimas... que no secarás.

15 de marzo de 1913

LA AMADA INMÓVIL

QUEDAMENTE...

Me la trajo quedo, muy quedo, el Destino,
y un día, en silencio, me la arrebató;
llegó sonriendo, se fue sonriente;
quedamente vino,
vivió quedamente;
queda... quedamente desapareció!

                        25 de abril de 1913

* * *

EL QUE MÁS AMA

Si no te supe yo comprender,
su alguna lágrima te hice verter,
bien sé que al cabo perdonarás
con toda tu alma... ¡Qué vas a hacer!
¡El que más ama perdona más!

                        26 de abril de 1913

¡SI PUDIERA SER HOY!

Como verte es el único ideal que persigo,
sin vivir en mí estoy,
y muriendo del ansia de reunirme contigo,
cada día me digo:
«¡Si pudiera ser hoy!»

28 de abril de 191

***

PERDÓN

Perdóname, Ideal, para que pueda
irme en paz al venir mi última hora...
Es tan dulce el perdón: ¡prerrogativa
de los Dioses! Perdóname, Inmortal:
«El que todo lo sabe lo perdona
todo», y hoy, Ideal, todo lo sabes
con la sabiduría de la muerte.

Que tu perdón en mi alma se derrame
como rayo de luna en el silencio
de una mística noche...
Que caiga como pétalos de lirio
sobre el hondo cansancio de mi vida.

Perdóname, Ideal, para que pueda
morir en paz.

4 de junio de 1913

X – PENSAMIENTOS AFINES

O mon Dieu, je reviens d'un long voyage amer
où j'ai laissé mon coeur, et d'où je ne rapporte,
que stériles regrets d'avoir tenté la mer.
Mon invresse est tombée et ma superbe est morte;
l'universel ennuit creuse son nid en moi;
l'espoir, sans s'arrêter, passe devant ma porte;
Le jour quand il renaît m'inspire de l'effroi:
la nuit roule sur moi pleine d'horreur glacés;
je marche comme en rêve et sans savoir pourquoi.

LOUIS LE CARDONNEL

Nous sommes des êtres invisibles.

MAETERLINCK

PEPÍN. – *Quel est le sommeil de ceux qui sont éveillés?*
ALGUÍN. – *L' esperance.*

(Disputatio.
Documento del tiempo de Carlo Magno)

La muerte es una ley: no es un castigo.

SÉNECA

LA APARICIÓN

Cristo dijo que allí donde nos reuniésemos en su nombre, estaría Él en medio de nosotros. No es, pues, extraño que aquella noche misteriosa en que hablábamos de Él con unción cordial, de su inmensa alma diáfana, de su ternura grande como el universo, de su espíritu de sacrificio incomparable, del sabor místico de su caridad, que nos penetra y nos envuelve, Él se presentara de pronto, suavemente, en el corro.

Lejos de sorprendernos, su aparición divina nos pareció natural. Quizá no se trataba propiamente de una aparición; más bien le sentíamos dentro de nosotros; pero la realidad de su presencia era absoluta, imponente, superior a toda convicción.

En vez de turbarnos, experimentamos todos un bienestar infinito.

Cristo nos bendijo y, sonriéndonos, con aquella indecible sonrisa, nos preguntó:

—¿Qué deseáis que os dé antes de volver al Padre?

—Señor —dijo Rafael, —deseo que me perdones mis pecados.

—Perdonados están —respondió Jesús, siempre sonriendo.

—Yo, Señor —dijo Gabriel, —ansío estar contigo...

—Pronto estarás —replicó Cristo amorosamente—. Y tú —me preguntó—, ¿qué quieres, hijo?

Iba a decirle algo de mi muerta; pero no sé por qué, al ver la expresión divina de su rostro, comprendí que no era preciso decirle nada; que los muertos estaban en paz en su seno, junto a su corazón, y que todas las cosas que sucedían eran paternalmente dispuestas o reparadas.

—¿Qué anhelas, hijo? —repitió Jesús, y yo respondí:

—Señor, ¿qué puedo anhelar, si todo está bien? Yo sólo deseo que se haga en mí tu voluntad...

Cristo me miró con ternura (¡qué mirada de éxtasis!); pasó su mano translúcida por mis cabellos...

Después se alejó sonriendo, como había venido.

TANATÓFILA

¡Oh Muerte, que en otros días, que recordar no puedo
sin emoción profunda, te tenía yo miedo!...
En medio de la noche, incapaz de dormir,
clamaba congojado: «Yo tengo que morir...
¡Yo tengo que morir irremisiblemente!»
Y sudores glaciales empapaban mi frente.

¿A quién tender la mano ni de quién esperar?
Estaba solo, solo, de la vida en el mar...
Tenía un formidable aislador: la pobreza,
y ningún seno d'hembra brindaba a mi cabeza
febril una almohada.
Estaba solo, solo; ¿de quién, esperar nada?

....

Más pasaron los años, y un día, una chiquilla
bondadosa me quiso: ¡Era noble, sencilla;
la fortuna la había tratado con rigor:
Nos unimos... y, juntos, nos hallamos mejor!

Entonces, si la muerte volvía, con su quedo
andar, yo le tenía ya mucho menos miedo.
Buscaba, despertando, la diestra tan leal
de mi amiga, y con ímpetu resuelto, fraternal,
la estrechaba, pensando: «¡Con ella nada temo!»
Con tal de marchar juntos, ¿qué importan tu supremo
horror y tus supremos abismos, oh callada
Eternidad?... Con ella no temo nada, nada.

LA AMADA INMÓVIL

¿El infierno? —¡El infierno será donde ella falte!
¿Y el cielo? —Pues donde ella se encuentre... Que me exalte
o me deprima tanto como quiera mi estrella...
¿Qué importa, si desciendo y asciendo yo con ella?
¿Qué más me dan las hondas negruras del Arcano,
si voy por los abismos cogido de su mano?

¡Pero tanta ventura enojó no sé a quién
en las tinieblas, y una hoz me segó mi bien!
Una garra de sombra, solapando su dolo,
me la mató... ¡y entonces me volví a quedar solo!
Solo, pero con una soledad más terrible
que antes.
       Sollozando, buscaba a la Invisible
y pedía piedad a lo desconocido;
abriendo bien los ojos y aguzando el oído,
en un mutismo trágico, pretendía escuchar
siquiera una palabra que me hiciese esperar...

Mas no plugo a la Esfinge responder a mi grito,
y ante el inexorable callar del Infinito
(tal vez indiferente, tal vez hosco y fatal)
escondí en lo más hondo del corazón mi mal,
y apático y ayuno de deseo y de amor,
entré resueltamente dentro de mi Dolor
como dentro de una gran torre silenciosa.

Mis pobres rimas fieles me decían: «Reposa,
y luego, con nosotras, canta el mal que sufriste;
ven, duerme en nuestro dulce regazo, no estés triste.
¡Aún hay muchas cosas que cantar..., cobra fe!»

Y yo les respondía: «¡Para qué!, ¡para qué!»
... Más ellas insistían; en mi redor volaban,
y como eran las únicas que no me abandonaban,
acabé por oírlas...

AMADO NERVO

Un libro, gota a gota,
se rezumó, con lágrimas y sangre, de la rota
entraña; un haz de rimas brotó para el Lucero
inaccesible, un libro de tal suerte sincero,
tan íntimo, tan hondo, que si desde su fría
quietud ella lo viese... me lo agradecería.

Después de haberlo escrito, quedé más resignado,
como si en su fiel ánfora hubiese yo vaciado
todo lo crespo y turbio de mi dolor presente,
dejando en l'alma sólo la linfa transparente,
el caudal cristalino, diáfano, de mi pena,
profundo cual la noche, cual la noche serena.

Y aquel fantasma negro, que miraba temblando
yo antes, blandamente se fue transfigurando...
En la pálida faz del espectro, indecisa
como un albor naciente, brotaba una sonrisa;
brotaba una sonrisa tan cordial, de tal suerte
hospitalaria, que me pareció la Muerte
más madre que las madres; su boca, ayer horrible,
más que todas las bocas d'hembras apetecible;
sus brazos, más seguros que todos los regazos...
¡Y acabé por echarme, como un niño, en sus brazos!

Hoy, ella es la divina barquera en quien me fío;
con ella, nada temo; con ella, nada ansío.
En su gran barca d'ébano, llena de majestad,
me embarcaré tranquilo para la Eternidad.

Junio de 1913

LA AMADA INMÓVIL

RESTITUCIÓN

¿Encontrará la ciencia las almas de los muertos
un día, y a la angustia y el llanto que los van
buscando, del Enigma por los limbos inciertos,
responderá la boca del abismo: «Aquí están»?

¿Descubriremos ondas etéreas que transmitan
a los desaparecidos la voz de nuestro amor,
y habrá para lo que ellos decirnos necesitan
algún maravilloso y oculto receptor?

¡Oh milagro, tu sola perspectiva nos pasma!
Pero, ¿qué hay imposible para la voluntad
del hombre, que a su antojo tenaz todo lo plasma?
¡Ante el imperativo del genio, mi fantasma
tendrás que devolverme por fuerza, Eternidad!

9 de enero de 1914

BUSCANDO

Entre el dudoso cortejo
de sombras, peregrinando,
voy una sombra buscando...

En el místico reflejo
de la noche constelada,
quiero hallar una mirada.

Asir anhela mi oído
una voz que se ha extinguido,
entre los ecos lejanos.

Al pasar por un jardín,
finge el roce de un jazmín
la caricia de sus manos.

¡Oh sombra, mirada, voz,
manos!, el vórtice atroz
de la eternidad callada
os sorbió. ¡Triste de mí,
que no tengo nada, nada;
que ya todo lo perdí!

18 de enero de 1914

LA AMADA INMÓVIL

INDESTRUCTIBLE

Bien vez, si me estás mirando,
que desde que te perdí,
mi vida se va pasando
piadosamente pensando
en ti;

que incólume, sin desgaste,
¡oh Ideal!, has de vivir
en el alma en que anidaste,
y que lo que edificaste,
ni Dios lo querrá destruir.

2 de febrero de 1914

* * *

LA BELLA DEL BOSQUE DURMIENTE

Tu amada muerta es como una princesa que duerme.
Su alma, en un total olvido de sí misma, flota en la noche.
Mas si tú persistes en quererla,
Un día esta persistencia de tu amor la recordará.

Su espíritu tornará a la conciencia de su ser, y sentirás en lo íntimo de tu cerebro el suave latido de su despertar y el influjo inconfundible de su vieja ternura que vuelve...

Comprenderás entonces, merced a estos signos misteriosos, que una vez más el amor ha vencido a la muerte.

«E ¿DOV'E ELLA? SUBITO DISS'IO»

> DANTE: Paraíso

Si tras el negro muro de granito
de la muerte hay un mundo, un más allá,
al cruzar el dintel del infinito
mi pregunta primer, mi primer grito,
ha de ser: «Y ella, y ella, ¿dónde está?»

Y una vez que te encuentre, penetrado
de una inmensa y sublime gratitud
para quien quiso fuera de ti amado
y me permite haberte recobrado,
¡a qué pedir más beatitud!

> 10 de enero de 1915

LA AMADA INMÓVIL

LOS MUERTOS

El paraíso existe;
pero no es un lugar (cual la creencia
común pretende) tras el hosco y triste
bregar del mundo; el paraíso existe;
pero es sólo un estado de conciencia.

Los muertos no se van a parte alguna,
no pretenden al azul remotos viajes,
ni anidan en los cándidos celajes,
ni tiemblan en los rayos de la luna...

Son voluntades lúcidas, atentos
y alados pensamientos
que flotan en redor, como diluidos
en la sombra; son límpidos intentos
de servirnos en todos los momentos;
son amores custodios, escondidos.

Son números propicios que se escudan
en el arcano, mas que no se mudan
para nosotros; que obran en las cosas
por nuestro bien; son fuerzas misteriosas,
que, si las invocamos, nos ayudan.

¡Feliz quien a su lado
tiene el alma de un muerto idolatrado
y en las angustias del camino siente
sutil, mansa, impalpable, la delicia
de su santa caricia,
como un soplo de paz sobre la frente!

18 de enero de 1915

AMADO NERVO

SÓLO TÚ...

Cuando lloro con todos los que lloran,
cuando ayudo a los tristes con su cruz,
cuando parto mi pan con los que imploran,
eres tú quien me inspira, solo tú.

Cuando marcho sin brújula ni tino,
perdiendo de mis alas el albor
en unos barrizales del camino,
soy yo el culpable, solamente yo.

Cuando miro al que sufre como hermano;
cuando elevo mi espíritu al azul;
cuando me acuerdo de que soy cristiano,
eres tú quien me inspira, solo tú.

Pobres a quienes haya socorrido,
almas oscuras a las que di luz:
¡no me lo agradezcáis, que yo no he sido!
Fuiste tú, muerta mía, fuiste tú...

Abril de 1915

LA AMADA INMÓVIL

«BENEDICTA»

No sé adónde llevóse la marea
de la muerte tu ser, pero yo exclamo
que el inmenso amor con que te amo:
«¡Dondequiera que esté, bendita sea!»

Octubre de 1917

* * *

NO LO SÉ

—Crepitan ya las velas en la ría;
tú, ¿por qué no te embarcas, alma mía?
—Porque Dios no lo quiere todavía.

—Mira: piadosamente las estrellas
nos envían tus trémulas centellas...
—¡Bien quisiera vestirme toda de ellas!

—Tu amiga, la más tierna, ya se fue.
Los que te aman se van tras ella; ¿qué
vas a hacer tú tan sola?
—No lo sé.

28 de enero de 1918

EL CELAJE

¿Adónde fuiste, Amor; adónde fuiste?
Se extinguió del poniente el manso fuego,
y tú, que me decías «hasta luego,
volveré por la noche»..., ¡no volviste!

¿En qué zarzas tu pie divino heriste?
¿Qué muro cruel te ensordeció a mi ruego?
¿Qué nieve supo congelar tu apego
y a tu memoria hurtar mi imagen triste?

... Amor, ¡ya no vendrás! En vano, ansioso,
de mi balcón atalayando vivo
el campo verde y el confín brumoso;

y me finge un celaje fugitivo
nave de luz en que, al final reposo,
va tu dulce fantasma pensativo.

4 de septiembre de 1915

ÍNDICE

Prólogo 5
En memoria de Ana 12
Ofertorio 13

I – PENSAMIENTOS AFINES   15

«Más que yo mismo» 17
¿Llorar? ¡Por qué! 19
«Gratia plena» 20
«¡Puella mea!» 21
Su trenza 22
Escamoteo 23
¿Qué más me da? 24
¡Quién sabe por qué! 25
Mi secreto 26
Metafisiqueos 27
Unidad 28

II – PENSAMIENTOS AFINES   29

El fantasma soy yo 30
Tres meses 31
Hugueana 34

ÍNDICE

Cuando Dios lo quiera... 35
«Le trou noir» 36
Todo inútil 37
¡Cómo será! 38

III – PENSAMIENTOS AFINES   39

La cita 40
Nadie conoce el bien 41
Reparación 42
¡Cómo callan los muertos! 43
Me besaba mucho 44
Aquel olor 45
Hélas! 46
«Regnum tuum» 47
«Neares to thee» 48

IV – PENSAMIENTOS AFINES   49

Este libro 50
Ya todo es imposible 51
Esperanza 52
El resto ¡qué es! 53
«Nihil novum...» 54
Por miedo 55
¡Cuántos desiertos interiores! 56
Eso me basta 57

LA AMADA INMÓVIL

¡Qué bien están los muertos!	58
«Bon soir...»	59

V – PENSAMIENTOS AFINES   61

Soneto	62
Bendición a Francia	63
Seis meses...	64
Piedad	65
Pobrecita mía	66
Los muertos mandan	67
Lejanía	68
Huelga de células	69
... Pero te amo	71
«Vivir sin tus caricias...»	72

VI – PENSAMIENTOS AFINES   73

Por esta selva...	74
El viaje	76
Sin rumbo	77
Después	78
¡Oh muerte!	79
Alquimia	80
Diálogo	81
Tal vez	82
«Lux perpetua»	83

ÍNDICE

VII – PENSAMIENTOS AFINES 85

Un signo 86
¿Por qué? 86
Eternidad 87
El encuentro 88
Impaciencia 89
Dilema 89
7 de noviembre (1912) 90
La santidad de la muerte 91

VIII – PENSAMIENTOS AFINES 93

Impotencia 94
Bendita 95
Al encontrar unos frascos de esencia 96
Señuelo 97
Yo no debo irme 98
Resurrección 99
¡Reyes! 100
Hasta muriéndote... 101
¡Qué importa! 102

IX – PENSAMIENTOS AFINES 103

Bienaventurados 104
Quedamente... 105

LA AMADA INMÓVIL

El que más ama 105
¡Si pudiera ser hoy! 106
Perdón 106

X – PENSAMIENTOS AFINES   107

La aparición 108
Tanatófila 110
Restitución 113
Buscando 114
Indestructible 115
La bella del bosque durmiente 115
«E ¿dov'e ella? Subito diss'io» 116
Los muertos 117
Sólo tú... 118
«Benedicta» 119
No lo sé 119
El celaje 120

TÍTULOS DE LA COLECCIÓN

1 Amado Nervo, LA AMADA INMOVIL Y OTROS POEMAS

2 Roberto Arlt, LOS SIETE LOCOS

3 José Revueltas, LOS DÍAS TERRENALES

4 Leopoldo Lugones, CUENTOS FANTÁSTICOS

5 Ricardo Palma, TRADICIONES PERUANAS

6 Eugenio María de Hostos, LA PEREGRINACIÓN DE BAYOÁN

7 Alfonsina Storni, ANTOLOGÍA POÉTICA

8 José Enrique Rodo, ARIEL

9 Vicente Huidobro, ALTAZOR. TEMBLOR DE CIELO

10 Enrique Amorín, LA CARRETA